L'ORACLE DES ÂMES

De la même auteure, chez le même éditeur

La Dame des anges, 2022.
Le Dernier Jour de leur vie, 2025.

Illustrations : © Thierry Lamy.
Création maquette et mise en pages :
Marie Brosseau – PCA-CMB.

ISBN : 978-2-36188-918-0

Imprimé en Chine.

www.editions-tredaniel.com
info@guytredaniel.fr
www.facebook.com/tredanieleso
@tredaniel_eso

Céline Franoux
Illustré par Thierry Lamy

L'ORACLE DES ÂMES

ÉDITIONS
EXERGUE
27, rue des Grands-Augustins
75006 Paris

SOMMAIRE

SIGNIFICATION DES CARTES

INTRODUCTION

Thierry et moi-même avons développé cet oracle afin de vous guider dans vos moments de doute. Il a été inspiré d'en haut et vous permettra de trouver des réponses à vos questions, tout en vous rappelant que, de l'autre côté, vous n'êtes jamais seul.

Vous pouvez l'utiliser librement, dès que vous en ressentez le besoin, que ce soit pour vous-même ou pour les autres.

Nous espérons que cet oracle vous conduira au plus profond de vous-même et vous apportera lumière et sérénité.

Céline et Thierry

MÉTHODES DE TIRAGE

Voici différentes façons d'utiliser votre oracle pour obtenir des messages et des guidances adaptés à vos besoins.

UNE CARTE PAR JOUR

C'est un tirage simple pour connaître l'énergie de la journée.

- Mélangez le paquet en vous concentrant sur votre journée à venir.

- Tirez une carte et observez son message.
- Cette carte vous donnera une synthèse de l'ambiance générale et des conseils à suivre pour bien traverser la journée.

Les cartes peuvent être tirées de la main droite ou de la main gauche, il n'y a pas de règle.

Énergie de la journée
ou réponse à une question

Le tirage sur trois jours

Il permet d'avoir une vision globale sur plusieurs jours.

- Mélangez et tirez trois cartes, puis disposez-les en ligne.
- Carte 1 : l'énergie du premier jour.
- Carte 2 : l'énergie du deuxième jour.
- Carte 3 : l'énergie du troisième jour.
- Ce tirage donne un aperçu des prédictions à venir.

Tirage des trois cartes

Jour 1

Jour 2

Jour 3

Le tirage en croix (cinq cartes), idéal pour répondre à une question

C'est un tirage structuré qui apporte une réponse détaillée.

- Mélangez les cartes en pensant à votre question.
- Étalez les cartes devant vous, tirez-les et placez-les selon cette disposition.

Tirage en croix

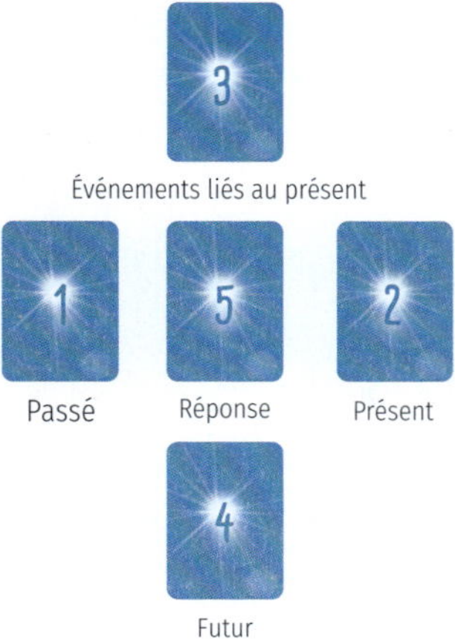

CARTE 1 (À GAUCHE) : le passé, *ce qui a influencé la situation.*

CARTE 2 (À DROITE) : le présent, *l'état actuel de la situation.*

CARTE 3 (EN HAUT) : les influences extérieures, *ce qui vient affecter la situation.*

CARTE 4 (EN BAS) : le futur, *l'évolution probable.*

CARTE 5 (AU CENTRE) : la réponse, *la synthèse et le message final du tirage.*

Le tirage du prénom

Vous pouvez également tirer autant de cartes que votre prénom compte de lettres. Ce tirage permet d'obtenir une vision des tendances à long terme.

Exemple: pour le prénom Marie-Laure, qui contient 10 lettres, vous devez tirer 10 cartes.

Si votre prénom est court, cela ne change rien au tirage. Vous pouvez tout à fait **recouvrir certaines cartes** pour approfondir leur signification et obtenir un message plus détaillé.

Tirage fondé sur le prénom « Marie-Laure » (10 cartes)

M A R I E L A U R E

Pour cet oracle, laissez-vous guider par votre instinct et développez votre propre interprétation. Faites confiance à votre ressenti, car il est la clé d'une lecture authentique et personnelle.

SIGNIFICATION DES CARTES

1. LA BLESSURE

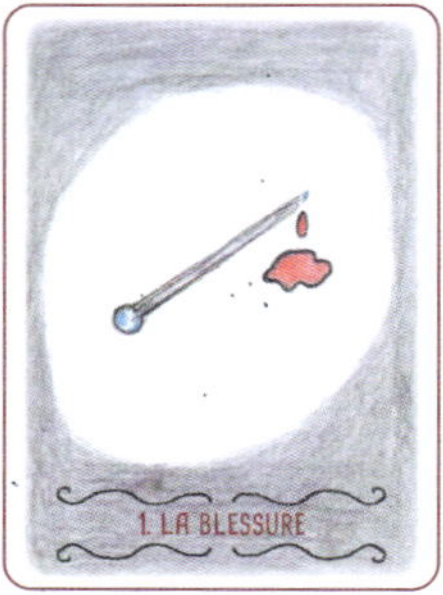

Cette image représente une aiguille fine, elle évoque la douleur, la blessure, mais aussi une forme de précision et de nécessité. L'aiguille fine symbolise un acte qui peut être douloureux, mais essentiel.

LA BLESSURE : Cette carte indique qu'il faut aller droit au but, même si cela implique une certaine douleur ou un sacrifice. C'est un appel à agir avec intention et concentration dans une situation. Elle indique également une période où des douleurs du passé ou du présent peuvent resurgir. Elle symbolise une blessure, qu'elle soit physique, émotionnelle ou psychologique. Cela peut être une trahison, une rupture ou un moment difficile qui nécessite du temps pour guérir. Cependant, cette carte n'est pas uniquement négative : elle rappelle qu'il est possible de surmonter cette épreuve avec du courage et du soutien. Elle conseille d'affronter la situation avec lucidité et de ne pas ignorer la souffrance, mais plutôt d'accepter qu'elle fait partie du processus de guérison. Elle peut signaler une période de conflit ou de malentendu, nécessitant dialogue et pardon. Toute blessure finit par cicatriser avec le temps et le soin approprié.

MESSAGE DES ÂMES

« Accepte la douleur nécessaire pour la transformation. »

« Le sacrifice que tu fais aujourd'hui portera ses fruits demain. »

« Affronte la vérité, même si elle semble inconfortable. »

2. LE VOYAGE

Cette image montre une personne de dos, équipée d'un sac à dos et de bâtons, marchant sur un sentier bordé de végétation colorée, symbolisant un chemin de vie ou une quête personnelle. Le paysage fleuri autour du chemin indique que, malgré les efforts demandés, ce voyage est enrichissant et mène à quelque chose de positif.

LE VOYAGE : Cette carte révèle une quête personnelle ou spirituelle. La personne avance seule, suggérant un chemin qui doit être parcouru par soi-même, avec persévérance et introspection. Les bâtons symbolisent le soutien nécessaire pour avancer, tandis que le sac représente les bagages émotionnels ou les expériences passées. Le chemin n'est pas toujours facile, mais il est porteur de croissance. Avancez avec courage ! Cette carte évoque également un voyage à venir, qu'il soit physique ou symbolique, ainsi qu'une période de solitude bénéfique pour se recentrer; un défi qui demande patience et endurance pour réussir à atteindre votre but.

MESSAGE DES ÂMES

« Chaque pas compte,
même les plus petits. »

« Avance avec foi et confiance,
car le chemin révèle tes forces. »

« Le voyage est aussi important
que la destination. »

3. LE REPOS

Cette image montre un lit flottant dans le ciel, un espace où les limites de la réalité s'effacent pour laisser place à l'inspiration, aux messages venant de là-haut. Elle évoque le sommeil et les rêves. Le lit bien fait, avec des oreillers et une couverture douillette, suggère une atmosphère de confort et de repos.

LE REPOS: Repos et ralentissement sont de rigueur vous concernant. Cette carte recommande un lâcher-prise, un moment de pause pour se recentrer, car c'est là que des messages précieux émergent. C'est une période propice à la réflexion et à l'introspection. Elle indique également que vos envolées se manifestent souvent à travers vos rêves pour vous montrer qu'elles sont présentes. Il faut lever un peu le pied.

MESSAGE DES ÂMES

« Écoute tes rêves, ils portent des réponses en eux. »

« Prends du repos, car c'est là que tout va s'ouvrir. »

« Lâche prise et laisse-toi porter par nous, qui t'aidons. »

4. LA RENAISSANCE

Cette image montre un berceau lumineux, placé au centre d'une scène douce et paisible. Le berceau est un symbole puissant de naissance, de renouveau et de potentiel.

LA RENAISSANCE : Le berceau représente l'arrivée d'une nouvelle vie, d'un projet ou d'une phase importante dans la vie. Il vous invite à accueillir le changement et à chérir ce qui est en train de naître : une période de renouveau ou l'arrivée d'un projet ou d'une personne dans votre vie. Si vous consultez les cartes pour une demande de grossesse, celle-ci est imminente.

MESSAGE DES ÂMES

« Un nouveau départ t'attend, accueille-le avec amour. »

« Protège ce qui est en train d'éclore dans ta vie. »

« La lumière t'accompagne dans cette phase de renouveau. »

« Nourris tes idées et tes rêves avec soin, ils sont bénis. »

5. LA MAISON

Cette illustration montre une maison en bois, solide et chaleureuse, entourée d'une atmosphère paisible. La maison symbolise des aspects fondamentaux tels que la sécurité, le foyer et les racines.

LA SÉCURITÉ ET LE RÉCONFORT : La maison est un lieu de refuge et de protection. Cette carte peut indiquer un besoin de se recentrer sur ce qui apporte confort et stabilité dans la vie. Elle vous invite à explorer votre « chez vous » intérieur en vous assurant que vous vous sentez aligné et à l'aise avec vous-même, tout comme dans votre vie extérieure. Elle peut aussi représenter un déménagement.

MESSAGE DES ÂMES

« Prends soin de ton foyer,
qu'il soit physique ou spirituel. »

« Retourne à tes racines
pour retrouver ton équilibre. »

« Construis un espace de sécurité
et de chaleur autour de toi. »

6. LA BOUSSOLE

Cette carte montre une boussole. Un outil essentiel pour trouver sa direction et naviguer dans des territoires inconnus. Elle évoque la recherche de votre chemin.

LA BOUSSOLE: Cet objet symbolise l'intuition ou une force intérieure qui guide nos décisions. Il vous invite à faire confiance à votre propre boussole intérieure pour trouver votre chemin, même en période d'incertitude. Cette carte peut apparaître lorsque l'on se sent perdu. Elle rappelle qu'il y a toujours une direction à prendre et qu'avec clarté et patience, elle sera trouvée. Elle peut également vous encourager à sortir de votre zone de confort et à embrasser l'inconnu avec curiosité et courage.

MESSAGE DES ÂMES

« Fais confiance à ta boussole
intérieure, elle te guide
vers ta vérité. »

« Même si tu ne vois
pas encore le chemin,
la direction se révélera. »

« Reste fidèle à tes valeurs,
elles sont ton essentiel. »

« Explore de nouveaux horizons,
la découverte t'attend. »

7. LE JEUNE HOMME

Cette carte représente un jeune homme avec une apparence lumineuse et pleine de vie. Son expression reflète une certaine innocence, une énergie positive et un potentiel de croissance. Ses traits semblent doux, évoquant la curiosité, l'ouverture et l'envie d'apprendre ou d'explorer.

HOMME BIENVEILLANT : Cette carte peut annoncer l'arrivée d'un jeune homme dans votre vie ou l'importance d'une figure masculine jeune (peut-être un fils, un ami ou un collègue). Une énergie fraîche et vibrante est sur le point d'entrer dans votre quotidien. Cette carte peut symboliser un projet neuf ou une perspective nouvelle portée par cette personne. Elle peut également incarner un soutien énergique, quelqu'un qui vous encouragera à avancer avec entrain ou optimisme. Si vous avez perdu un jeune homme dans votre entourage, n'en doutez pas, il est près de vous pour vous protéger. Si vous êtes vous-même un jeune homme, cette carte peut vous correspondre.

MESSAGE DES ÂMES

« Une personne bienveillante
entre dans ta vie, sois ouvert
à cette aide ou à ce lien. »

« Laisse-toi guider
par cet homme,
qui te protège de là-haut. »

« Des moments positifs
arrivent, cet homme t'aidera
à les mettre en œuvre. »

8. LA BOULE DE CRISTAL

Cette carte représente une boule de cristal entourée de bougies et d'un cadre étoilé. Elle symbolise la clairvoyance, la guidance et la connexion avec l'invisible. La boule de cristal éclaire votre chemin, vous permettant de voir au-delà des apparences et d'accéder à une compréhension plus profonde des événements de votre vie. Les bougies, avec leur lumière douce et apaisante, créent une atmosphère propice à la méditation et à l'introspection, tandis que le cadre étoilé évoque l'immensité de l'Univers et les mystères qu'il renferme. Cette carte vous invite à faire confiance à votre intuition et à suivre les signes que vous envoie l'Univers.

LA CLARTÉ ET LA VISION: La boule de cristal révèle ce qui est caché. Il est temps de chercher des réponses en soi ou à travers des signes de l'Univers. Là-haut, ils sont à l'œuvre pour éclairer votre chemin. Vous êtes bien guidé. Elle vous encourage à écouter votre intuition et à vous fier à vos ressentis.

MESSAGE DES ÂMES

« Les réponses que tu cherches
sont déjà en chemin,
fais confiance à l'Univers. »

« Regarde au-delà
des apparences : les signes
sont là pour te guider. »

« Ton intuition est ta meilleure
alliée, écoute-la avec attention. »

9. L'HOMME MÛR

Cette carte représente un homme d'âge mûr, souriant, empreint de sagesse et de bienveillance. Il incarne l'expérience, le soutien et la guidance. Figure protectrice et conseiller avisé, il rappelle les leçons apprises au fil du temps et offre une présence réconfortante et sécurisante. Cet homme, symbole de la maturité et de la connaissance accumulée, est une source d'inspiration et de soutien inébranlable. Il vous encourage à avancer avec confiance et à utiliser la sagesse du passé pour éclairer votre chemin futur.

L'HOMME MÛR : Cet homme porte en lui des leçons du passé ; il est source de conseils précieux et représente une figure bienveillante, quelqu'un qui veille sur vous et vous offre son aide sans condition. Cela peut être aussi l'un de vos êtres chers là-haut. S'il représente un consultant, cette carte met en avant la maturité, la patience et la capacité à gérer les situations avec recul et discernement.

MESSAGE DES ÂMES

« Une aide importante
te sera apportée, sois prêt
à la recevoir. »

« Un guide, un être cher, veille
sur toi et te montre la voie. »

« Sois patient et réfléchi, tu auras
les réponses que tu cherches. »

10. LA RÉCEPTION

Cette carte représente une télévision, moyen moderne de communication. Elle vous invite à saisir les messages qu'elle diffuse et à comprendre le monde qui vous entoure. La télévision symbolise la connexion avec le monde extérieur, vous permettant d'accéder à une multitude d'informations et de perspectives. Elle vous encourage à rester ouvert et curieux, à explorer de nouveaux horizons et à enrichir votre vision de la vie.

LA RÉCEPTION: Cette carte évoque également l'arrivée d'un message. Vous devez être attentif à ce qui vous entoure, car des signes ou des réponses pourraient venir de sources inattendues. Elle vous rappelle de ne pas ignorer les petits indices que la vie vous présente. Ces messages peuvent se manifester sous diverses formes: une conversation fortuite, une émission de télévision, ou même un rêve.

Votre être cher peut aussi vous transmettre des messages soit par la télévision, soit par la radio, à travers une musique diffusée ou un message qui vous parlera.

MESSAGE DES ÂMES

« Fais attention à ce qui
capte ton attention : est-ce
constructif ou distrayant ? »

« Sois attentif aux messages
et aux signes qui te parviennent
à travers les médias. »

« Un message important
est sur le point de t'être transmis,
ouvre l'œil et reste à l'écoute. »

11. LA TRANSFORMATION

La transformation symbolise une mutation profonde, un passage d'un état à un autre, tout comme la chenille qui devient papillon. Elle évoque un processus de croissance, de changement et de renouveau.

Cette carte peut indiquer un moment clé où une évolution personnelle ou spirituelle est en cours. Elle vous pousse à embrasser les changements, à laisser derrière vous ce qui ne vous sert plus et à accueillir avec gratitude les nouvelles opportunités qui se présentent. La transformation est souvent marquée par des défis et des obstacles, mais elle conduit finalement à une version plus épanouie et authentique de vous-même.

LA TRANSFORMATION : Cette carte parle d'un changement inévitable. Ce qui est en train de se transformer peut sembler inconfortable ou incertain, mais c'est une étape essentielle pour grandir et atteindre ce que vous désirez. Elle symbolise la patience, tout comme une chenille a besoin de temps pour devenir un papillon. Cette carte rappelle que les transformations nécessitent du temps et de la persévérance. Celles-ci apporteront de la liberté et de la légèreté. Vous êtes peut-être sur le point de laisser quelque chose qui ne vous sert plus. Embrassez ce changement avec gratitude et confiance, car il vous mènera vers une version plus épanouie et authentique de vous-même.

MESSAGE DES ÂMES

« Tu es en pleine transformation ; fais confiance, même si cela semble long ou difficile. »

« Les épreuves actuelles ne sont que des étapes vers un accomplissement magnifique. »

« Ce qui te semble être une fin est en réalité un nouveau départ, plus libre et léger. »

12. L'HEURE MIROIR

Cette carte évoque clairement les synchronicités et les messages de là-haut, souvent perçus à travers des chiffres doubles ou des heures miroirs. Elle représente des signes de votre être cher et la connexion que vous avez avec l'au-delà. Elle vous invite à prêter attention aux détails des signes que l'on vous envoie et qui vous apportent des réponses ainsi que des encouragements. Cette carte est très positive.

L'HEURE MIROIR : Il faut reprendre confiance en vous ; l'Univers vous parle à travers les chiffres. Il faut ouvrir les yeux et écouter. Cette carte montre aussi que ce qui vous arrive n'est pas dû au hasard, que vous êtes sur le bon chemin, entouré d'amour venu d'en haut. Vous ressentirez de plus en plus les choses ; une voie spirituelle s'ouvre à vous. Vous serez peut-être amené à faire des soins ou à travailler avec les autres en tant que thérapeute. Surveillez bien les heures, car votre être cher vous envoie des signes.

MESSAGE DES ÂMES

« L'Univers te parle à travers
les chiffres, sois attentif. »

« Lorsque tu vois
ces chiffres, sache que tu es
sur le bon chemin. »

« Tu es entouré d'amour
et de protection, rien ne peut
t'atteindre. »

13. L'ÉCHELLE

Cette carte représente l'élévation, le progrès et le dépassement des obstacles. L'échelle est un puissant symbole d'ascension, de connexion entre le ciel et la terre, et de la capacité à gravir les échelons, qu'ils soient spirituels, personnels ou professionnels.

L'ÉCHELLE: Chaque barreau représente une étape, une victoire ou un défi à relever. Elle montre que la progression se fait pas à pas. Elle évoque aussi un lien entre l'au-delà et vous. C'est un rappel que nous sommes soutenus dans chaque étape de notre vie. Monter une échelle demande de l'effort et de la détermination. Elle invite à continuer à avancer même face aux difficultés.

MESSAGE DES ÂMES

« Tu es sur le bon chemin,
continue à gravir les étapes. »

« Le sommet est proche,
n'abandonne pas maintenant. »

« Tu vas atteindre un nouveau
sommet et surmonter
toutes les épreuves. »

14. LES OISEAUX

Les oiseaux, avec leur capacité à s'élever dans les airs, incarnent une symbolique forte de légèreté et de liberté. Ils sont souvent perçus comme des intermédiaires entre notre monde terrestre et le royaume spirituel.

En tant que tels, leur présence dans une carte est un indicateur puissant de communication et de connexion avec l'au-delà.

LES OISEAUX : C'est une période propice pour exprimer ses idées ou écouter les autres avec attention. Ils vous invitent aussi à prendre votre envol individuellement et à réussir. Cette carte indique également des signes puissants venant de votre être cher de l'autre côté. Leur présence symbolise l'échange et les nouvelles. Elle peut annoncer une nouvelle de la part de quelqu'un que vous attendez. Votre être cher vous envoie des signes avec des oiseaux, il est près de vous.

MESSAGE DES ÂMES

« Un message important arrive,
sois attentif aux signes. »

« Une conversation sincère
ou une nouvelle inattendue
pourrait éclairer ton chemin. »

« Prends ton envol toi-même,
tu en es largement capable. »

15. LE MESSAGE AILÉ

Cette carte représente un message important qui arrive à vous: une lettre, une nouvelle, un appel. Avec les ailes, elle évoque une transmission rapide et un message chargé de lumière et d'espoir.

LE MESSAGE AILÉ: Une information ou une nouvelle capitale est sur le point de vous parvenir. Elle peut concerner un événement, une opportunité ou une personne clé. Cette carte met aussi l'accent sur la nécessité de partager ou d'écouter l'information. Peut-être est-ce à vous d'envoyer un message ou d'entamer une discussion importante. Les nouvelles arrivent rapidement et positivement. Il peut s'agir d'une réponse attendue ou d'une aide imprévue.

MESSAGE DES ÂMES

« Un message important arrive,
reste attentif et ouvert. »

« Les communications
sont essentielles,
ouvre le dialogue. »

« Un signe, un rêve
ou une intuition pourrait
éclairer ton chemin. »

16. LES FLEURS

Cette carte représente la beauté et l'épanouissement. Chaque fleur, avec sa couleur et sa forme uniques, symbolise un aspect de la vie qui mérite d'être célébré. Elle est un rappel de la richesse intérieure, de l'harmonie, de la gratitude et de l'amour pour soi et pour les autres.

LES FLEURS: C'est le moment de s'ouvrir pleinement et de laisser sa lumière intérieure briller. Elles évoquent également des émotions comme l'amour, la joie et l'abondance. Comme un bouquet offert, cette carte peut être une invitation à recevoir de l'amour, de l'attention et de la bienveillance. Elle annonce une période où vous vous sentirez pleinement aligné avec vos valeurs. C'est une période d'épanouissement; vous êtes sur le point de vivre une renaissance personnelle, où chaque aspect de votre vie fleurira de manière harmonieuse.

Laissez-vous guider par vos sentiments de gratitude et d'amour, et observez comment ces émotions enrichissent votre quotidien. Les fleurs apportent avec elles une période de renouveau, vous rappelant que même après les tempêtes les plus violentes, il y a toujours la possibilité de renaître et de trouver la beauté dans chaque moment.

MESSAGE DES ÂMES

« C'est le moment de t'épanouir
et de partager ta lumière. »

« Ta vie va fleurir et t'apporter
ce que tu souhaites. »

« Tout ce que tu as semé
est en train d'éclore,
cela est très positif. »

17. LE NUAGE

Cette carte représente un état d'esprit lourd, une accumulation de pensées négatives ou un sentiment de confusion. Elle symbolise les moments de doute, de stress ou de surcharge mentale, mais aussi l'opportunité de dissiper ces nuages pour retrouver la clarté et la lumière. Comme après une tempête, il y a toujours la possibilité de voir le ciel se dégager et de découvrir un horizon plus lumineux. Les nuages nous rappellent de prendre du recul, de faire une pause et de réfléchir à ce qui compte vraiment. Ils nous incitent à libérer nos pensées encombrantes, à trouver des solutions et à laisser place à une nouvelle perspective. C'est un appel à la patience et à la résilience, car même les nuages les plus sombres finissent par disparaître, ouvrant la voie à la sérénité et à la paix intérieure.

LE NUAGE : Vous avez vécu une période de tristesse, de doute et d'angoisse, mais ne vous inquiétez pas, celle-ci va être surmontée. Elle vous invite à reconnaître ce qui pèse sur votre esprit et sur votre cœur, et à chercher des moyens de vous en libérer. C'est une phase difficile mais transitoire, menant à une clarté, à un renouveau. C'est une étape de transition ; il faut essayer de relâcher la pression, que ce soit par le repos, la méditation ou une conversation avec un proche.

MESSAGE DES ÂMES

« Tes pensées peuvent
sembler sombres,
mais la lumière est proche. »

« Décharge-toi de ce qui
ne te sert plus, laisse
partir ce poids. »

« Il est temps de faire le tri
autour de toi et d'éliminer
ce qui est toxique pour pouvoir
alléger ton esprit. »

18. LE SOUTIEN

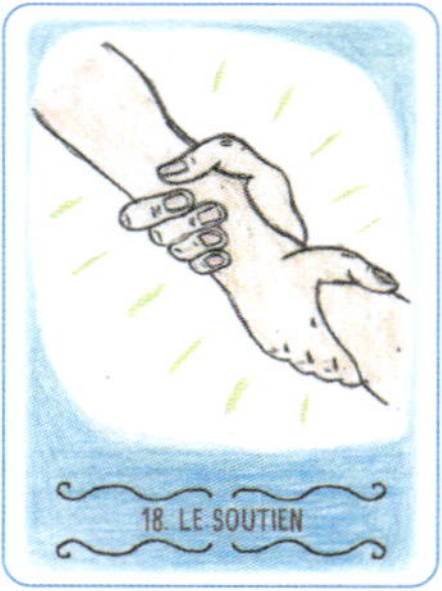

Cette carte symbolise le soutien ; les deux mains qui se tiennent illustrent un acte d'amour, de réconfort et de compassion. C'est une réunion des forces qui nous dit : ensemble, nous sommes plus forts.

LE SOUTIEN: Vous allez recevoir du soutien dans vos projets; cette carte symbolise également que vous n'êtes pas seul. De l'autre côté, ils vous aident et ne vous lâchent pas. Vos projets vont se concrétiser avec l'aide de quelqu'un. Il y a aussi une solidarité qui se forme autour de vous pour vous aider dans quelque chose qui vous tient à cœur. Cette carte montre aussi que votre être cher vous soutient de là-haut, il vous tient la main et ne vous lâche jamais.

MESSAGE DES ÂMES

« Autorise-toi à recevoir du soutien, tu le mérites. »

« Tu es entouré de bienveillance visible et invisible. »

« Accepte l'aide de quelqu'un autour de toi, elle sera importante. »

19. L'ATTRAPE-RÊVE

Cette carte représente la protection de là-haut. L'attrape-rêve est un symbole spirituel utilisé pour filtrer les énergies, laissant passer les bonnes vibrations et bloquant les influences négatives. Coloré et lumineux, il évoque également la connexion avec le monde des rêves, les intuitions et la spiritualité. Cet objet mystique est souvent suspendu près du lit ou dans un espace sacré pour assurer un sommeil paisible et protéger contre les cauchemars. La beauté de l'attrape-rêve réside dans sa capacité à apporter une sensation de sécurité et de sérénité, tout en renforçant notre lien avec l'invisible.

L'ATTRAPE-RÊVE: Vous êtes très protégé et vous pouvez recevoir des messages de là-haut par les rêves. Cette carte indique également la liberté d'être soi-même et de s'exprimer pleinement. Vous avez une créativité débordante et un don spirituel. Vous êtes très protégé et vous avez beaucoup d'intuition. Cette carte rayonne d'espoir et elle est très positive. Laissez-vous guider par votre grand ressenti.

MESSAGE DES ÂMES

« Laisse aller ce qui t'alourdit,
ton chemin s'éclairera. »

« Tes rêves contiennent
des messages,
prêtes-y attention. »

« Tu es très protégé par tes êtres
chers, n'en doute pas. »

20. L'ÉCOUTE

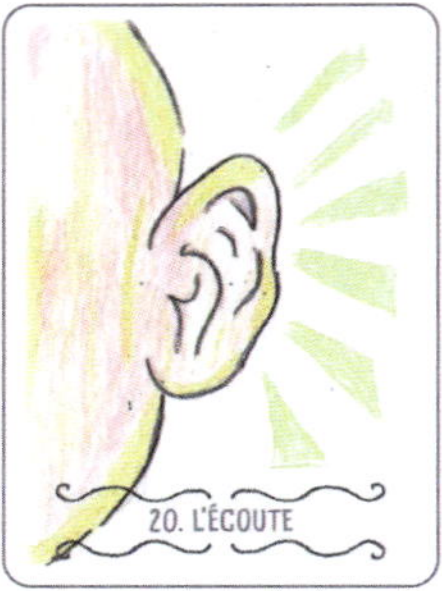

Cette carte représente l'attention, la réception et l'ouverture à ce qui est dit ou à ce qui se manifeste autour de vous. L'oreille éclairée par des rayons lumineux symbolise une écoute active, bienveillante et intuitive. Elle invite à être plus réceptif aux messages, qu'ils viennent des autres, de l'Univers ou de votre propre intuition.

L'ÉCOUTE: Cette carte prédit que des informations importantes ou des révélations vont vous parvenir. Cela peut être une conversation clé, un conseil sage ou une intuition forte qui éclairera votre situation actuelle. Restez attentif aux paroles des autres ou aux signes subtils autour de vous dans les jours à venir. Quelqu'un pourrait vous apporter une information ou un conseil qui sera déterminant pour avancer. Une personne de confiance jouera un rôle important dans votre cheminement. Cette carte peut aussi annoncer qu'une personne de votre entourage aura besoin de vous. Soyez présent pour elle avec une écoute attentive et bienveillante. Des réponses et des avancées viendront par une meilleure communication. Cette carte prédit aussi une certaine clairaudience.

MESSAGE DES ÂMES

« Écoute aussi avec ton cœur. »

« Une conversation importante pourrait transformer ta situation. »

« Accueille ce que tu entends sans jugement, la vérité est souvent entre les mots. »

21. LA CLARTÉ

Cette carte symbolise la clarté, l'illumination et la protection de là-haut. Elle représente l'épanouissement et l'espoir. La lumière évoque la force et le réconfort dans les moments de doute et d'obscurité. Être éclairé par cette carte signifie que vous êtes guidé vers votre vérité intérieure, et que les ténèbres se dissiperont pour laisser place à la compréhension et à la sérénité.

LA CLARTÉ: Cette carte prédit qu'une situation obscure ou confuse va bientôt s'éclaircir. Vous allez recevoir une vérité ou un éclaircissement qui changera votre perspective. Attendez-vous à une révélation ou à une compréhension soudaine dans une situation importante. Elle annonce également la fin d'un cycle difficile ainsi que le début d'une période plus optimiste et épanouissante. Un chapitre sombre de votre vie est sur le point de se clore, laissant place à des opportunités lumineuses. Cette carte indique aussi que vous êtes guidé d'en haut. Vous recevrez des signes clairs ou des intuitions pour avancer sur votre chemin. Vous entrez dans une phase d'éveil ou de transformation personnelle. Une période de sérénité et de plénitude va se mettre en place.

MESSAGE DES ÂMES

« Tu es sur le point
d'entrer dans une phase
d'épanouissement et de paix. »

« Après une période
de confusion, tu vas pouvoir
voir plus clairement. »

« Un renouveau et un équilibre
arrivent, et tu es aidé de là-haut. »

22. LA PERCEPTION

Cette carte symbolise l'intuition, la perception et la capacité de voir au-delà des apparences. Elle représente aussi l'éveil spirituel et la connexion avec des vérités profondes. Cette carte incarne la révélation et la clarté, permettant de découvrir des vérités cachées qui éclaireront votre chemin. Elle vous invite à faire confiance à votre sagesse intérieure et à être ouvert aux signes et aux intuitions que vous recevez, car ils vous guideront vers une meilleure compréhension de vous-même et de votre situation.

LA PERCEPTION : Cette carte prédit qu'une révélation, qu'elle soit liée à une personne ou à une situation, éclairera votre route. Elle indique également que votre intuition est puissante. Vous serez guidé par vos instincts et vos visions intérieures pour prendre des décisions ou résoudre des situations. Vous serez capable de voir au-delà des apparences. Si quelqu'un ou quelque chose tente de vous induire en erreur, vous le percevrez clairement. Suivez vos ressentis. Cette carte dénote une clair-voyance.

MESSAGE DES ÂMES

« Ton intuition sera ton meilleur guide pour avancer. »

« Une révélation importante et positive t'attend. »

« Ouvre les yeux
sur des personnes autour de toi,
et tu découvriras la vérité. »

23. LA MAIN

Cette carte représente l'action et l'influence que vous pouvez avoir sur votre propre vie et celle des autres. Le geste de la main évoque une capacité à créer, transformer ou guérir. Elle vous invite à agir avec intention et confiance. Chaque geste que vous faites a une incidence, aussi petite soit-elle.

LA MAIN : Cette carte indique qu'une situation stagnante va bientôt évoluer grâce à une action ou une intervention déterminante. L'aide d'une personne apportera des résultats significatifs. Cette carte peut aussi montrer que vous êtes en train de guérir d'une blessure émotionnelle ou physique. Une période de guérison intérieure s'annonce pour vous. Elle suggère aussi la création ou les soins, comme le magnétisme. Elle signale que vous êtes prêt à concrétiser une idée ou un projet qui vous tient à cœur. Agissez avec confiance, vos gestes, même simples, peuvent avoir un effet significatif. Croyez en vos capacités à transformer les choses. Cette carte indique aussi que votre être cher, de l'autre côté, vous tend la main et vous aide.

MESSAGE DES ÂMES

« Une opportunité de création ou de projet va aboutir. »

« Tu auras des résultats bénéfiques pour des efforts passés. »

« Agis avec confiance : tes décisions sont soutenues par l'au-delà. »

24. LA CLÉ

Cette carte symbolise les solutions, les opportunités et les réponses qui ouvrent de nouvelles voies. La clé ailée représente une libération, évoquant que vous avez en main les outils nécessaires pour avancer, surmonter un obstacle ou découvrir quelque chose de précieux.

LA CLÉ: Elle indique qu'une solution à une situation problématique est à votre portée. La clé est un signe que la réponse ou l'issue que vous cherchez est imminente. Elle peut annoncer une opportunité unique ou une ouverture inattendue, qu'il s'agisse d'un travail, d'une relation ou d'une aventure personnelle. La clé symbolise également une libération. Elle ouvre les portes d'un nouveau chapitre de votre vie; une aubaine ou une idée soudaine débloquera une situation complexe. Soyez attentif, une chance unique ou un choix crucial va émerger.

MESSAGE DES ÂMES

« Tu as le pouvoir de débloquer une situation complexe. »

« Une solution ou une réponse viendra bientôt. »

« Tu entres dans une période de libération, de renouveau et de découverte. »

25. LES SAISONS

Cette carte symbolise les cycles de la vie, les transitions des choses. Elle évoque l'idée que tout suit un rythme naturel, où chaque fin prépare un nouveau commencement. Les quatre saisons (printemps, été, automne, hiver) représentent les étapes de transformation, de croissance, de repos et de renouveau.

LES SAISONS: Cette carte annonce une renaissance après une période difficile. Vous êtes prêt pour de nouvelles opportunités et un nouvel équilibre. Une situation, une relation ou une période particulière arrive à son terme. Vous êtes disposé à laisser derrière vous ce qui ne vous sert plus. Une conclusion nécessaire ouvre la voie à quelque chose de mieux adapté à votre évolution. Vous entrez dans une nouvelle phase de vie. Ce changement, bien que déstabilisant, apportera une nouvelle clarté et de nouvelles opportunités. C'est la fin d'un cycle (relation, travail, situation).

MESSAGE DES ÂMES

« Chaque fin marque
un nouveau début, tout évolue
avec le temps. »

« Tu es dans une période
de transition, sois
patient et confiant. »

« Après l'hiver vient toujours
le printemps, l'espoir renaît. »

26. L'AMOUR

Cette carte symbolise l'amour, la bienveillance. Elle représente un amour inconditionnel, que ce soit envers soi-même ou envers les autres, et invite à écouter son cœur pour trouver guidance et réconfort.

L'AMOUR : Vous pourriez vivre un moment fort avec une personne chère ou accueillir un nouvel amour dans votre vie. Un lien affectif sincère apportera joie et sérénité. Si vous traversez une période de tristesse ou de blocage, cette carte prédit une guérison imminente. Écoutez votre cœur, il vous mènera sur le bon chemin. Une phase de paix et d'harmonie intérieure s'installe. Cette carte indique que vous pourriez recevoir des signes d'affection de votre être cher, qui vous envoie bien évidemment plein d'amour de là-haut.

MESSAGE DES ÂMES

« Une relation ou une connexion émotionnelle va s'épanouir. »

« Pardonne-toi et pardonne aux autres pour libérer ton cœur. »

« L'amour est ta plus grande force, rayonne-le autour de toi. »

27. LA PLUME

Cette carte symbolise la légèreté, la guidance spirituelle et les messages de là-haut. La plume est un lien entre les mondes terrestres et spirituels, un rappel de la présence de vos êtres chers qui vous envoient des signes.

LA PLUME : Si vous vous sentez seul, cette carte prédit que vous serez bientôt conscient que quelqu'un qui vous est cher veille sur vous. Une situation pesante va s'éclaircir, vous permettant de ressentir plus de paix intérieure. Vous allez recevoir une idée ou une inspiration qui transformera une situation ou un projet. Vous avez du talent, n'en doutez pas. Vous pourriez recevoir une plume ou un autre signe qui vous confirmera que vous êtes sur le bon chemin.

MESSAGE DES ÂMES

« Un être cher veille sur toi. »

« Ton intuition est ta meilleure alliée en ce moment. »

« Fais confiance aux signes, ils te mènent dans la bonne direction. »

28. LES AILES

Cette carte est un symbole puissant de protection, de guidance spirituelle et de connexion avec l'au-delà. Les ailes et l'auréole représentent une présence bienveillante et lumineuse qui veille sur vous, vous protège et vous guide dans vos décisions.

LES AILES: Cette carte prédit que vous allez entrer dans une phase où vous vous sentirez en sécurité, soutenu et guidé. Les obstacles se dissipent, laissant place à la lumière. Malgré les difficultés, vous serez épaulé par une présence de là-haut qui viendra alléger vos fardeaux. Si vous êtes face à un choix important, cette carte prédit que là-haut, ils vous mèneront à la meilleure solution. Vous êtes toujours soutenu, ne l'oubliez pas.

MESSAGE DES ÂMES

« Abandonne tes peurs,
car là-haut, ils veillent sur toi. »

« Écoute les signes,
tes guides te parlent. »

« Un envol arrive pour toi,
cela sera positif. »

29. LA FEMME MÛRE

Cette carte incarne la maturité, la profondeur et la force intérieure que l'on acquiert avec l'expérience de la vie. Elle symbolise une figure féminine qui représente la sagesse.

LA FEMME MÛRE : Une femme expérimentée viendra à votre aide avec des conseils avisés ou un soutien moral. Cette carte prédit une période où vous serez amené à réfléchir sur le passé pour éclairer votre avenir. Cette femme peut être aussi une protection de là-haut. Si vous êtes vous-même une femme de plus de 50 ans, elle peut vous représenter.

MESSAGE DES ÂMES

« Appuie-toi sur tes expériences passées pour trouver des réponses. »

« Une figure féminine t'apporte conseil et réconfort. »

« Une femme te protège très fortement de là-haut. »

30. LA CLÉ DE SOL

Cette carte encourage l'expression de soi à travers la créativité, que ce soit l'art, notamment la musique, ou toute autre forme de communication. Elle vous rappelle de suivre votre propre rythme et d'honorer vos besoins, tout en restant ouvert aux changements.

LA CLÉ DE SOL : Cette carte peut prédire une résolution de conflit ou un alignement dans une relation. Les tensions s'apaiseront pour laisser place à une meilleure compréhension mutuelle. Vous êtes encouragé à respecter vos propres besoins et à ne pas vous comparer aux autres. En suivant votre rythme, vous avancerez avec sérénité et succès. Une idée ou un projet lié à l'art, notamment à la musique, pourrait se concrétiser avec succès. Votre créativité sera une force motrice dans votre cheminement. Cela peut aussi indiquer des signes à travers des chansons ou de la musique provenant de votre être cher.

MESSAGE DES ÂMES

« Trouver ton rythme,
c'est avancer en accord
avec ta vérité. »

« Laisse la joie et la musique
remplir ton cœur, elles apaisent
les tensions. »

« La créativité est une clé
pour libérer tes émotions
et trouver ton équilibre. »

31. LA CHANCE

Cette carte est un symbole de chance, d'abondance et de bénédictions inattendues. Elle apporte une énergie positive, favorisant des opportunités imprévues et des réussites qui semblent être guidées par l'au-delà.

LA CHANCE : Vous pourriez recevoir une récompense matérielle ou connaître un succès professionnel de manière inopinée. Une opportunité unique pourrait transformer votre situation actuelle. Une personne ou un événement peut avoir un effet positif sur votre avenir. Cette rencontre apportera un changement bénéfique dans votre vie. Si vous avez des doutes ou traversez une période difficile, cette carte indique que l'aide vous parviendra de manière subtile. Vos efforts passés pourraient bientôt porter leurs fruits, vous offrant un sentiment de satisfaction. Une victoire ou un aboutissement viendra éclairer votre chemin. C'est la meilleure carte de l'oracle.

MESSAGE DES ÂMES

« La chance est de ton côté, sois prêt à saisir les opportunités. »

« Ce moment est propice à la réalisation de tes projets. »

« Tu es très protégé, avance avec confiance. »

32. LA JEUNE FEMME

Cette carte représente une femme jeune, rayonnante et pleine de vitalité. Elle incarne l'énergie de la jeunesse, la beauté intérieure et extérieure. La jeunesse est aussi symbole de renouveau et de potentiel en croissance.

LA JEUNE FEMME: Cette femme représente une figure féminine importante dans la vie du consultant, telle qu'une sœur, une amie ou une partenaire. Cette carte peut prédire l'arrivée d'une personne qui jouera un rôle clé dans votre avenir. Elle annonce souvent un soutien ou une influence féminine bénéfique. Elle peut indiquer une période de transformation et d'épanouissement pour le consultant. Une jeune femme, âgée de moins de 50 ans, vous protège de là-haut. Elle peut être quelqu'un que vous avez perdu ou un guide.

MESSAGE DES ÂMES

« Une femme positive
entre dans ta vie ou occupe
une place centrale. »

« Sois ouvert à l'amour,
à l'amitié et aux conseils. »

« Une femme de moins de 50 ans
te guide de là-haut. »

33. LE LIVRE

Cette carte, représentant un livre ouvert illuminé, peut évoquer plusieurs aspects liés à la connaissance, à la révélation et à l'apprentissage.

LE LIVRE: Vous pourriez recevoir des informations ou des réponses importantes qui vous guideront dans une situation actuelle. Une connaissance ou un secret jusqu'alors caché pourrait être dévoilé. Cette carte peut indiquer une période où l'apprentissage sera central. Cela peut être une formation ou un savoir acquis par l'expérience. Le livre symbolise souvent la connaissance qui ouvre de nouvelles perspectives. Attendez-vous à trouver une solution ou une réponse qui vous permettra de progresser. Vous pouvez ouvrir un livre au hasard et lire le passage qui vous indiquera peut-être des réponses de là-haut.

MESSAGE DES ÂMES

« Un message important est caché dans ce que tu apprends. »

« Un secret ou une information précieuse va émerger. »

« Le savoir est à ta portée. »

34. LA PAIX

Cette carte, qui représente une colombe tenant un rameau d'olivier, peut être interprétée comme un symbole de paix, d'harmonie et de bonnes nouvelles.

LA PAIX : Une situation difficile ou conflictuelle trouvera une résolution prochaine, apportant calme et soulagement. Attendez-vous à un rapprochement avec une relation importante. Vous entrez dans une période de sérénité, où le pardon et le lâcher-prise joueront un rôle clé. Un renouveau dans votre vie se profile, marqué par l'harmonie et l'équilibre. Dans vos relations ou vos projets, un engagement sincère annonce des intentions bienveillantes. Cette carte est très favorable.

MESSAGE DES ÂMES

« Un message porteur
de joie arrive bientôt. »

« C'est le moment d'un nouveau
départ, plus léger et aligné
avec tes valeurs. »

« Tu es guidé et protégé
par un être cher,
et cela t'apporte la paix. »

35. LA LIBERTÉ

Cette carte symbolise la libération et la rupture des contraintes, qu'elles soient physiques, émotionnelles ou spirituelles. Elle annonce un moment où les chaînes qui vous retenaient, qu'elles soient imposées par d'autres ou par vous-même, se brisent soudainement. Elle représente le courage de rompre avec le passé ou de se libérer d'une situation pesante.

LA LIBERTÉ : Cette carte peut indiquer la fin d'une relation ou d'un contrat qui ne vous convenait plus. Une séparation peut sembler difficile au départ, mais elle apportera un profond soulagement. Vous pourriez bientôt prendre conscience de ce qui vous retenait et décider de vous en affranchir. Cela peut être une peur, une croyance limitante ou un attachement ancien. Une aide, un événement ou une révélation extérieure pourrait venir casser vos chaînes et vous offrir une nouvelle liberté ou perspective.

MESSAGE DES ÂMES

« Brise tes chaînes,
reprends ta liberté. »

« Parfois, une rupture
est nécessaire pour avancer. »

« Libère-toi de ce qui
t'emprisonne. »

36. L'ILLUMINATION

L'ampoule sur la carte incarne la lumière, l'éveil et l'énergie créatrice. Elle est un symbole d'idées et d'illuminations, mais aussi de solutions qui jaillissent dans l'obscurité. La lumière jaune éclatante rayonnant de l'ampoule indique une énergie positive et une protection de là-haut.

L'ILLUMINATION : Si vous êtes dans une période d'incertitude ou de doute, cette carte annonce une compréhension soudaine ou une résolution claire d'un problème. Vous pourriez bientôt avoir une révélation ou une idée qui éclairera votre chemin. C'est une invitation à faire confiance à vos instincts créatifs et à vos inspirations. C'est le moment idéal pour démarrer un projet ou trouver une nouvelle approche dans une situation stagnante. L'Univers vous invite à oser.

MESSAGE DES ÂMES

« Une solution lumineuse
est à portée de main. »

« Les réponses viendront
au bon moment, sois patient. »

« Fais confiance à tes idées,
elles te guideront. »

37. L'UNION

Cette carte représente deux anneaux entrelacés, un puissant symbole d'union, d'engagement et de liens solides.

L'UNION: Elle évoque les liens indissolubles, que ce soit dans le domaine amoureux, familial ou même professionnel. Elle peut symboliser un mariage, un partenariat ou une amitié durable. Les anneaux entrelacés évoquent un équilibre harmonieux entre deux forces ou individus, où chacun conserve sa propre identité tout en formant un tout uni. Elle peut représenter un engagement formel, un contrat ou une promesse qui est tenue dans le respect mutuel. Elle peut faire référence à une proposition ou à un engagement à venir (mariage, partenariat, accord), ainsi qu'à l'arrivée d'une personne ou d'une opportunité offrant une connexion profonde.

MESSAGE DES ÂMES

« Un engagement sincère
illumine ton chemin. »

« L'union fait la force
et crée l'harmonie. »

« Un partenariat solide ouvre
de nouvelles portes. »

38. LE PARFUM

Cette carte représente un flacon de parfum classique, évoquant à la fois l'élégance, le raffinement et le mystère. Le flacon, de teinte rose, est entouré d'une aura douce et délicate, soulignant sa nature subtile et précieuse.

L'ESSENCE MYSTÉRIEUSE: Cette carte évoque le pouvoir d'attraction, de séduction. Elle invite à cultiver son charme naturel et à se présenter sous son meilleur jour. Le parfum symbolise souvent l'invisible, ce qui ne peut être vu mais ressenti. Votre être cher de l'autre côté peut vous envoyer des signes à travers des odeurs de parfum. Les parfums sont liés à des émotions et des souvenirs. Cette carte peut suggérer que quelque chose du passé refait surface: un souvenir affectif a une importance particulière. Une rencontre marquante, où le charme jouera un rôle clé, pourrait intervenir. Elle peut également signifier le retour d'un souvenir, d'une personne ou d'un événement marquant.

MESSAGE DES ÂMES

« Laisse ton essence illuminer
le chemin des autres. »

« Un souvenir précieux
refait surface. »

« Les détails invisibles
portent souvent les plus
grandes vérités. »

39. L'ARBRE DES COULEURS

Cette carte représente la diversité, la créativité et l'abondance. Ces feuilles multicolores évoquent des opportunités variées, des idées innovantes et une énergie positive qui éclot dans toutes les directions.

L'ARBRE DES COULEURS: Cette carte annonce une période d'épanouissement et de diversité dans votre vie. Elle symbolise une croissance personnelle riche et équilibrée, favorisée par des expériences variées. Les couleurs vibrantes de cet arbre reflètent la multiplicité des opportunités qui s'offrent à vous. De nouvelles connexions s'annoncent, avec beaucoup de projets et de rencontres en perspective. C'est une carte qui vous invite à voir les choses positivement.

MESSAGE DES ÂMES

« L'abondance réside
dans ta capacité à t'adapter
et à grandir. »

« Explore toutes
les opportunités, même celles
qui semblent inattendues. »

« L'épanouissement est à portée
de main, sois patient. »

40. LE TEMPS

La carte intitulée *Le temps* représente un sablier classique, avec du sable bleu qui s'écoule doucement. Le sablier est entouré d'un cadre jaune doux qui évoque une lumière chaleureuse, symbolisant la sérénité et l'importance du temps. Les montants du sablier sont ornés de courbes délicates, renforçant l'idée de fluidité et d'équilibre.

LE TEMPS : Cette carte annonce un moment où la gestion du temps devient cruciale. Elle indique que vous pourriez être confronté à des décisions nécessitant patience et réflexion. Ce n'est pas le moment de précipiter les choses, mais plutôt de vous ancrer dans le présent tout en planifiant l'avenir. Elle symbolise également la fin d'un cycle ou l'arrivée d'une échéance importante. Soyez attentif aux signes et préparez-vous avec calme et discernement. Le temps fera les choses, il est votre allié.

MESSAGE DES ÂMES

« Prends patience, les choses arrivent au bon moment. »

« Le temps est ton allié, pas ton ennemi. »

« La sagesse réside dans l'attente. »

41. LE JARDIN ENCHANTÉ

La carte représente un ensemble d'insectes colorés et vivant dans un environnement naturel. On y observe une coccinelle rouge à points noirs, un papillon violet et orange, une libellule bleu clair et un scarabée vert scintillant. Ces insectes sont posés ou volent autour de feuilles vertes et de fleurs éclatantes, ce qui correspond à de l'énergie positive.

LE JARDIN ENCHANTÉ: La présence de la coccinelle et du scarabée annonce une période de chance financière ou matérielle. Des opportunités inattendues pourraient surgir, vous apportant prospérité et stabilité. Le papillon symbolise un changement positif, une évolution personnelle. Vous pourriez bientôt tourner une page importante de votre vie, laissant derrière vous ce qui ne vous sert plus. La libellule vous invite à équilibrer vos émotions et à chercher la paix intérieure. C'est un moment propice pour prendre du recul face à une situation. Soyez attentif aux petits signes dans votre environnement, comme les rencontres avec des animaux ou des symboles récurrents. Ils pourraient vous guider vers des réponses ou des décisions importantes. Cette carte à multiples facettes vous indique que, dans tous les domaines de votre vie, cela va s'apaiser. Votre être cher vous envoie des signes, tels que des papillons ou autres.

MESSAGE DES ÂMES

« La chance est autour de toi,
ouvre les yeux pour la saisir. »

« Le changement est
à tes pieds, saisis-le. »

« Chaque transformation
mène à une reconnaissance
lumineuse. »

42. LE SAGE (HOMME ÂGÉ)

Cette carte illustre un homme âgé au visage bienveillant et marqué par le temps, symbolisant l'expérience et la sagesse accumulées au fil des années. Son expression dégage calme et réflexion, indiquant qu'il est une figure de soutien et de conseil. Les traits de son visage, comme les rides et le sourire discret, racontent une histoire de vie riche en leçons apprises. Il porte des lunettes, accentuant le symbole de clairvoyance et d'observation attentive du monde qui l'entoure.

LE SAGE: Vous pourriez recevoir les conseils précieux d'une personne plus âgée ou expérimentée dans votre entourage. Cette carte indique un moment où vous seriez susceptible d'apprendre d'une expérience. C'est une période favorable à la réflexion et à l'apprentissage.

Elle suggère également de prendre le temps d'évaluer vos choix en tenant compte des leçons passées. La patience est de mise. Cette carte peut aussi symboliser les liens familiaux, en particulier avec des figures paternelles ou des grands-parents, ainsi que la protection d'un homme âgé que vous avez beaucoup aimé.

MESSAGE DES ÂMES

« Les réponses se trouvent dans les expériences du passé. »

« Je te protège de là où je suis. »

« Cherche tes réponses auprès de ceux qui ont déjà parcouru ce chemin. »

43. LA FEMME SAGE

Cette carte représente une femme âgée souriante, portant des lunettes distinctives et des boucles d'oreilles, et symbolisant la maturité, la bienveillance ainsi que l'expérience. Son visage exprime douceur et sagesse, suggérant une figure protectrice et chaleureuse. Symbole de réconfort et de positivité, la carte évoque un soutien dans les moments difficiles. Le chemisier violet, couleur liée à la spiritualité, à la créativité et à l'équilibre émotionnel, renforce l'aspect bénéfique de cette image.

LA FEMME SAGE : Une figure bienveillante, une femme mûre ou expérimentée, jouera un rôle important dans votre vie. Cette personne pourrait vous offrir des conseils précieux ou une vision éclairée sur une situation complexe. Cette carte annonce une période d'apprentissage à travers des leçons du passé. Les erreurs, comme les succès, deviendront des guides pour l'avenir. Cette carte représente également une grand-mère qui vous protège de là-haut et ne vous abandonne pas.

MESSAGE DES ÂMES

« Écoute les voix de l'expérience,
elles détiennent des clés
pour avancer. »

« Le passé nourrit le présent,
et les leçons sont prêtes
à être intégrées. »

« De là-haut, je te protège
et je ne t'abandonne pas. »

44. LA FORCE

Cette carte est un symbole de force, de royauté et de courage. Les couleurs vives et éclatantes sur cette carte sont remplies d'optimisme.

LA FORCE: Elle vous invite à puiser dans votre propre puissance intérieure pour surmonter les défis. Croyez en vos capacités et en votre potentiel. Une période propice se profile, où votre courage et votre détermination vous permettront de triompher. Les efforts passés seront enfin reconnus, et vous serez placé sous les projecteurs. Vous pourriez être appelé à prendre des responsabilités qui testeront votre courage et vos compétences. Cette carte est un rappel vibrant que la force et la beauté résident dans la diversité et dans l'authenticité.

MESSAGE DES ÂMES

« Le courage est la clé
de ta réussite. »

« Les défis du présent
sont les victoires de demain. »

« Affirme ta puissance
intérieure avec confiance. »

À PROPOS DE L'AUTEURE

Céline Franoux est médium spécialisée dans la communication avec les défunts depuis vingt ans. Elle anime régulièrement des conférences médiumniques, en salle et sur les réseaux sociaux.

www.celinefranouxmedium.com
Céline Franoux
@celinefranoux
@celinefranoux3833

À PROPOS DE L'ILLUSTRATEUR

Thierry Lamy est spécialisé dans la création de produits en bois adaptés au bien-être. Vous pouvez le retrouver sur ses réseaux sociaux.

Zen&Bois
@zenetbois

pca
cmb
édition pré-presse
livres numériques

44400 Rezé